にっぽんのおやつ

白央篤司

理論社

ほくほくあたたかい道民のおやつ【北海道】
いも団子

　日本全国のじゃがいもの約8割が、北海道でつくられています。じゃがいもは寒冷な土地でもよく育つため、明治以降の北海道開拓時代からさかんに栽培されてきました。昔の北海道ではもち米がとれなかったので、もちの代わりにじゃがいもやかぼちゃがよく使われました。ゆでたじゃがいもをつぶして、片栗粉を加えてよくこねます。丸く成形してフライパンで焼けばできあがり。道民にとっては非常に身近なもので、「家族のリクエストも多いし、よくつくりますよ」という声が多く聞かれました。味つけは人それぞれ、砂糖と醤油で仕上げる人もいれば、バター醤油にする人もあり、中にはきなこをつける人も。郷土食は家庭ごとに少しずつ味わいがちがうものです。味つけの差は、その家の工夫の歴史でもあります。

水と果物、砂糖だけのシンプルおやつ【青森県】
リンゴの砂糖煮

「くだもの」と聞いて、あなたは何を思いうかべますか？ イチゴ、モモ、ブドウ……果物ごとに代表的な産地があるものです。リンゴといえば青森県で、日本産リンゴの約6割が青森でつくられます。明治時代初期に青森のリンゴ栽培は始まりました。時期になると県内では日常的にリンゴが食べられています。ある県民の方が「子どものころ、風邪をひくとよく母がつくってくれた」と語っていたのが、砂糖煮です。むいたリンゴを水から煮て冷やしたものです。体調の悪いとき、すりおろしたリンゴや、焼きリンゴ、しぼったジュースを母親がつくってくれた……という思い出話は県人からよく聞かれました。食べやすく栄養を吸収しやすいように、という思いが感じられますね。

香ばしくコクのある味わい【岩手県】
くるみを使ったおやつ

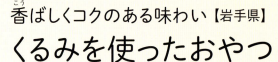

　日本人にかぎらず、木の実は人類にとって古くから大切な食料のひとつでした。日本人が食べる木の実の中で、くるみは最も身近なもののひとつですが、岩手人はことのほかくるみ好きに思われます。宮古地方の雑煮は、お餅をくるみのタレにつけて食べます。「きりせんしょ」という郷土菓子は米粉に砂糖、醤油を入れてつくった生地にくるみをまぜて蒸したもので、ひな祭りにつくられてきました。「がんづき」という郷土料理はいわば蒸しパンで、この上にもくるみがよくのせられます。餅菓子の一種「ゆべし」もくるみ入りが定番。くるみはたんぱく質や脂質が豊富で、保存がききます。東北の長くきびしい冬の間は、貴重な栄養源でした。「くるみのかたいカラを割って、すりつぶすのはひと苦労。昔は子どもの役目でした」とはある県民の声です。

右上はくるみ団子、残り2つはくるみのゆべし。この他くるみ最中やようかん、クッキーなどの洋菓子にもくるみが多く用いられている。

地元民ならだれもが知っているおやつ　その1【宮城県】
白松がモナカ

　どこの県でも、「県民ならみんなが知っている」というお菓子があるものです。代表的な菓子メーカーがそれぞれの地域に存在し、親しまれています。宮城県からはそんなおやつを選びました。「白松がモナカ本舗」は1932年創業。こちらの最中は「大納言」（つぶあん）、「胡麻」（黒ごま）、「大福豆」（白あん）、「栗」と4種類あり、最中の皮の原料になるもち米から手づくりされています。宮城人は黒ごま味をとりわけ愛するようで、「もらいものがあると、取り合いになりました」と語った県人は多数。最中とは和菓子のひとつで、その円形から最中の月（中秋の名月）になぞらえたものとされています。

メモ◎　あん（餡）は菓子や料理に多く用いられる、原材料を煮てよくねったものの総称。小豆が代表的だが、いんげん豆、芋や栗、肉や野菜などをねったものも「あん」と呼ばれる。

ほどよく酸味のきいた山ブドウのお菓子【秋田県】
さなづら

　多くの秋田人から「小さいころに食べたなつかしいお菓子です」という声を聞きました。きれいな色が印象的なこのお菓子、山ブドウの果汁を寒天と砂糖などでかためたものです。名前の「さなづら」というのは、山ブドウを指す秋田の言葉だそうです。県産品として山ブドウのジュースも人気があり、ゼリーなどにも加工されています。山ブドウは実が小さく、果汁をしぼるのも手間がかかりますが、酸味があっておいしいものです。ちなみに材料のひとつ、寒天は「てんぐさ」という海藻を煮てかため、凍らせて、さらに乾燥させたものです。ふたたび煮ると透明になってかたまる性質があり、日本のお菓子づくりには欠かせない食材となっています。

昔の殿様も愛したと伝わる味【山形県】
だだちゃ豆

　県の夏の特産物のひとつ、だだちゃ豆。庄内地方の鶴岡で昔から栽培されていた大豆の一種で、その味のよさから近年では全国的な人気を得ています。「だだちゃ」というのは山形の言葉で「父さん」「おやじ」といった意味だそうです。その昔、これを食べた殿様が「うまい！　どこのだだちゃがつくった豆だ？」とたびたびたずねたことからこの名がついた……と伝わっています。山形にかぎらず、旬の特産物を「おやつ代わりによく食べました」という声は全国で聞かれます。山形はサクランボの名産地でもあり、全国生産の約7割が山形産。こちらも「時期になるといつも食卓にありました」と語る県人は多くみられました。

メモ◎ 旬は食べものの味わいがよくなる時期のこと。出荷の盛りのころ。日本人は食べものの旬をとても大事にします。季節のくだものや魚介類、きのこなどが出荷されはじめると、テレビのニュースなどでもよく取り上げられますね。

地元民ならだれもが知っているおやつ その2【福島県】
ままどおる と エキソンパイ

　多くの福島人が「とてもおいしい」と太鼓判をおすこの2つのお菓子、県中央部にある郡山市で1946年に創業した「三万石」という会社のものです。「ままどおる」はミルク味のあんをバターが香る生地でつつんだ焼き菓子で、とてもやさしい甘さが特徴です。「エキソンパイ」はくるみ入りのあんをパイ生地でつつんだもので、隣県でも高い人気をほこります。あんは日本の和菓子のもので、バターやパイ生地は西洋菓子のもの。こういった和洋折衷*から進化した食べものが日本にはたくさんあります。日本人が大好きなおやつのひとつ、あんパンなどはその代表的なものでしょうね。

＊和洋折衷　日本と西洋の様式を取り合わせたもの。

濃縮された甘さにファン多し【茨城県】
干しいも

　蒸したさつまいもをさらして*、乾燥させてつくられるのが干しいもです。素朴な昔ながらのおやつですが、県人の愛情はなみなみならぬものがあります。日本各地で食べられるものですが、生産量は茨城県がぬきんでて多く、国内でつくられるうちの8割以上が茨城産。明治時代後期から県内でつくられはじめたようです。昭和50年生まれから上ぐらいの世代になると、「親が家でつくっていました」と語る人も。スライスして干したものが一般的ですが、「特においしいのは、切らずに丸のまま干したものです」という声が多く聞かれました。身が厚いぶん乾燥にも時間がかかり、濃厚な甘さが楽しめます。

＊さらす　風などに当て干すこと。

部活帰りに食べた思い出のおやつ【栃木県】
いもフライ

　学校の帰り道、何かおやつを買って食べる楽しさというのは独特のものがあります。栃木の人々にとってそのような存在のおやつが、いもフライです。じゃがいもを蒸してからくしにさし、ころもをつけて揚げ、ソースをかけたもの。惣菜店や精肉店、そして現在ではスーパーなどでも売られています。「部活の帰りに買って、よく食べました」という声がよく聞かれ、また語ってくれた方々がみななつかしく、うれしそうな顔をされるのが印象的でした。県外に出てみて、売られていないのにおどろく人も多いよう。一説では戦前からあり、昭和40年代後期まではリヤカーで揚げたてを販売する光景が見られたようです。

こげた味噌の香りがたまらない【群馬県】
焼きまんじゅう

「私たちのソウルフード*1」と胸をはる県人のなんと多かったことか。小麦粉にどぶろく*2をまぜて発酵させた生地を、炭火で焼くのが伝統的な製法です。甘い味噌ダレをぬり、軽くこげ目をつければできあがりです。専門店のほか、お祭りの出店やドライブインなどでも売られています。「帰省したらかならず買います」という声は多く聞かれ、「高校生になっての初バイトは焼きまんじゅう屋でした」なんて人も。甘味噌は群馬人の舌に合うようで、ごくやわらかいパンに甘味噌をはさんだ「みそパン」も、地元のおやつとして人気があります。群馬は昔から小麦の生産がさかんな土地で、うどんも名産品のひとつです。

*1 ソウルフード　その地域特有の料理。地域で親しまれる郷土の料理。
*2 どぶろく　蒸した米に、麹(穀物にコウジカビなどをまぶした発酵の元になるもの)と水を加えて醸造しただけの、かすをこし取らない白色のにごり酒。

世にも不思議な名前の行田市名物【埼玉県】
ゼリーフライ

　埼玉県北部に位置する行田市は、かつて城下町としてさかえ、昭和初期には足袋の生産地として名をはせました。人口は約8万4千人。市内の食堂や喫茶店をめぐると、ゼリーフライというメニューが目を引くと思います。簡単にいうと、きざんだ野菜をおからにまぜて揚げたもの。なんともユニークなこの名前は、小判型の形から「銭」が連想され、銭→ゼニー→ゼリーと転化したという説があります。揚げたてにウスターソースをかけて食べますが、人によってウスターソースにとんかつソースをまぜたり、店によって独自の工夫があるようです。明治後期の日露戦争時代、行田から中国大陸に派兵された人物が、現地で食べた料理を帰国後にアレンジして考案したと伝わります。

冷蔵庫に入っているのが楽しみだったおやつ【千葉県】
牛乳かん

　「牛乳ようかん」「ミルクかん」とも呼ばれ、「小さいころ、母親がよくつくってくれた」と千葉県の人々から聞かれたおやつです。砂糖で牛乳に甘みをつけ、寒天でかためれば完成と作り方はいたってシンプルです。牛乳だけでつくるもののほか、缶詰のみかんやパイナップルを入れる人も多く、また「お正月のおせちに入れます」という声も多数よせられました。中には「お正月にしかつくらない」という人も。千葉県は日本の酪農発祥の地でもあります。現在の千葉県鴨川市から南房総市の丘陵地帯で、1730年ころから酪農がはじまりました。1800年代後半ごろから牛乳はしだいに日本人にとって身近なものになっていったようです。

ヨモギのすがすがしい香りが口いっぱいに広がる【東京都】
草団子

　東京ならではのお菓子といえば、浅草の「雷おこし」、人形町の「人形焼き」などいくつかの名物がありますが、ここでは草団子を選びました。他県でもよくつくられるものですが、東京では葛飾区柴又、足立区西新井などの名物になっています。草団子の「草」とは、ヨモギというキク科の野草のこと。繁殖力旺盛な植物で、探すと都内のいたるところで見つかります。有名な映画『男はつらいよ』*でも、川原でヨモギ摘みをするシーンがあります。ヨモギ摘みは春の風物詩のひとつでしたが、現在ではすっかりそんな情景も見られなくなりました。大気汚染など原因もさまざまですが、身近に生えているものを安心して食べられた豊かな環境を、また取りもどしたいものです。

*『男はつらいよ』　山田洋次監督の人気映画シリーズ。第7作、第29作にヨモギが登場する。

地元民ならだれもが知っているおやつ　その3【神奈川県】
ありあけのハーバー

　栗のあんをカステラ生地でつつんだお菓子、「ありあけのハーバー」。ハーバーとは英語で港のことで、その名のとおり港町横浜を代表するお菓子となっています。多くの県民が小さいころから食べて育ったと語り、中でも多かったのが「CMソングを思い出す」という声。テレビやラジオから流れる印象的なメロディは多くの県民の胸にきざまれているようです。各地方でも同様に、コマーシャルのメロディとともに思い出されるお菓子はけっこうあるものです。横浜は幕末の1859年に開港されて、外国文化の入り口となった地です。明治時代初期、日本ではじめてのアイスクリームがつくられたのも横浜でした。

今も愛される戦国時代からのおやつ【新潟県】
笹団子

　日本の米どころ、新潟県のおやつには米粉からつくられる笹団子を選びました。米粉をねってヨモギをまぜた生地であんをくるみ、笹の葉でつつんだものです。戦国時代からつくられたと伝わる郷土菓子ながら現在でも広く愛され、県内のいたるところで売られています。元々団子には何も入れなかったのが、明治中期ごろからだんだんと砂糖が身近になるにつれて、あんが入るようになりました。つつみを開けると笹のよい香りが広がって、なんとも気持ちの良いものです。昔、下越地方の農村部で笹団子をつくる光景を見たことがあります。女衆が総出で、団子をこねる人、あんをつめる人、笹でつつんでイグサで結わえる人とに分かれ、手際よくこしらえるさまが実に印象的でした。現在では手づくりする人はかなり少なくなっているようです。

県人が大好きな海藻をいろいろと活用【富山県】
昆布をつかったおやつ

　富山人の昆布好きというのは日本広しといえども、他に類を見ません。昆布の消費量は日本一＊で、多くの食品に昆布が利用されています。江戸時代、北前船という船が北海道から昆布を日本各地に運んでいたのですが、富山にもその寄港地がありました。富山人の昆布好きはここに端を発するようです。「昆布でかまぼこを巻いたものがあるんですが、おやつによく出ました」「ガムじゃないけれど、ポケットサイズの昆布が売っていて、携帯してる人もいますよ」というような声が実によく聞かれます。焼いた昆布に砂糖をまぶしたお菓子や、お餅に昆布をねりこんだもの、昆布入りのパンなどもあります。大阪や沖縄など、昆布を食材として多用する地域はほかにもありますが、おやつや間食にも富山人は昆布を食しているのです。

＊総務省統計局　平成24～26年調査

一年の運勢をおやつでうらなう【石川県】
辻占

　辻占とは、辞書によると「吉凶を占う短い文句を記した紙」とあります。いわば、小さなおみくじですね。石川県の正月菓子「辻占」は、その名のとおりおみくじが中に入ったお菓子です。「お正月にこれで遊ぶのが楽しかった」という声は多く、「まちがえて飲みこんでしまったのが思い出」と笑って答えてくれた方もありました。うすく焼かれた米粉の生地が茶巾づつみにされており、見た目もかわいらしいもの。金沢とその周辺地域で年の暮れになると販売されます。金沢は藩政時代に茶の湯＊が奨励され、それにともない和菓子づくりがさかんになり、多くの銘菓が生まれました。海外のお菓子「フォーチュンクッキー」は、この辻占をもとにしたものといわれています。

＊茶の湯　茶道のこと

所変われば……時期変わる【福井県】
水ようかん

　水ようかんといえば夏の食べものと思っていませんか？ いいえ、福井県では水ようかんは冬の食べものなのです。「11月ごろになるとシーズンが来たなと思って、うれしくなります」「コタツにあたって食べる水ようかんは最高です」といった声が〝ふつう〟に聞かれます。「どうして冬に食べるんですか？」と質問すると、「どうしてって……あなたは冬に食べないんですか？」とぎゃくに質問されるほど。なぜ冬のお菓子となったのかは諸説ありますがはっきりしません。また福井の水ようかんは板状になっており、他地域のようにカップなどに入った小分け状でないのも特徴です。一般的には贈答品としても使われることの多い水ようかんですが、福井では日常的に食べる身近なおやつです。

おすそ分け*が"当たり前"のおやつ　その1【山梨県】
ブドウ

　藤稔、ゴルビー、甲斐路…………これ、なんだかわかりますか？　いずれも山梨で育てられているブドウの品種名です。有名な巨峰やデラウェアのほか、約30種類が栽培され、ブドウの収穫量、栽培面積ともに日本一となっています。県人を取材してよく聞かれたのが、「ブドウはもらうもの」という声。ブドウといえば高級品というイメージがあったのでおどろきました。「親戚や友人をたどっていくと、だれかしらブドウ農家やその関係者がいるんです。だからシーズンになるといただくことが多い」「買って食べたことはほとんどないですね」という声まで。同様の意見は多く聞かれ、なんともうらやましく思ったものです。ブドウ栽培の歴史は古く、行基という名僧が約1300年前に現在の甲州市にブドウを植えたという伝説があります。

*おすそ分け　もらいものをさらにほかの人に分け与えること。

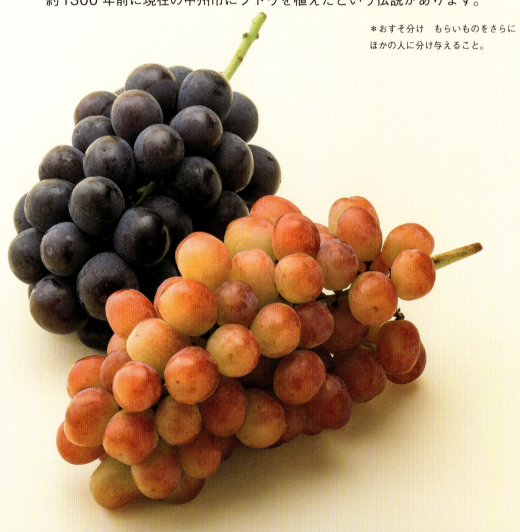

ひと手間かけて残りものをおいしく活用【長野県】
おやき

　日本の山間部の多くは水田をつくることがむずかしかったため、小麦などを加工した粉食文化が発達してきました。長野県も山の多い地域です。小麦粉やそば粉をねった生地で具材をつつみ、加熱してつくられるのがおやきです。日々の軽食として愛されてきました。本来はお盆の供え物で、「先祖の霊が現世との境の扉におやきをぶつけて破り、もどってくる」という信仰があったといいます。具は野沢菜炒め、かぼちゃの煮もの、ナスの味噌炒めなどが代表的ですが、「その日のあまったおかずをつつんで、次の日に活用したんです」「最近はラタトゥイユ*だってつつんだりするよ」という声も聞かれました。加熱方法も焼く、揚げる、蒸すなど地域によって変わります。

＊ラタトゥイユ　フランス料理のひとつ。玉ねぎ、セロリ、ナスなどをトマトソースで炒め煮にしたもの。近年では日本の家庭でもよくつくられている。

県民に初秋の訪れを告げるおやつ【岐阜県】
栗きんとん

　蒸して裏ごしした栗に砂糖を加えてねりあげ、茶巾でしぼったお菓子です。毎年9月〜翌年1月ぐらいまでの間、県内の和菓子店で販売されます。栗きんとんと聞くと、お正月のおせち料理を思いだす人も多いでしょうが、和菓子ではこちらを指します。旧中山道の宿場町だった岐阜県中津川市を発祥とする説があり、旅人が各地に広めたといわれます。栗をはじめ、木の実は、山間部で暮らす日本人にとって大変つきあいの古いもの。縄文時代から日本人は栗を食べていました。栗はイガというトゲのあるカラにつつまれ、かたい皮に守られています。それらをはずしてむいて、ようやく調理に入れます。素朴なお菓子ですが、かなり手間のかかるものなのです。

地元民ならだれもが知っているおやつ　その4【静岡県】
うなぎパイ

　他県の人々がイメージする「ご当地名物」の中には、地元ではあまり食べられていないものが往々にしてあるものです。しかし静岡名物として名高いうなぎパイ、これは別でした。「よくお茶うけ*にします」という声が多数聞かれ、地元民に愛されている名物なのだと実感したものです。1961年に浜松市の菓子メーカーが発売し、以来ロングセラーとなっています。浜松市にある浜名湖はうなぎ養殖で知られています。「浜松らしく、うなぎをテーマの菓子をつくろう」との思いから開発されました。フランス菓子のパイをベースにしつつ、うなぎエキス、ガーリック入りのタレが特徴。「子どものころ、ひと箱全部食べたいと思ったものです」と熱く語ってくれた県人の表情がわすれられません。

＊お茶うけ　茶を飲むとき食べるお菓子や漬物のこと。

〝鬼まん〟の愛称で親しまれる日常のおやつ【愛知県】
鬼まんじゅう

　小麦粉と砂糖をまぜてねった生地に、たっぷりのさつまいもをまぜて蒸したお菓子です。県内の和菓子店やスーパーで広く売られており、「関東に引っ越して、売られていないのにおどろいた」「帰省してこれを見かけると、帰ってきたんだなと思います」といった声が聞かれました。角切りにされたさつまいもが鬼の角のように見えたことから、この名がついたといわれています。調理法が比較的簡単なこともあり、「三時のおやつに母がつくってくれました」という人も。さつまいもがたっぷり入ってボリュームがあり、値段も手ごろ。それが、愛知県人に愛されるゆえんのようです。

海外でも販売される〝世界のおやつ〟?【三重県】
ベビースターラーメン

　全国規模で販売されるスナックの中でも、特に有名なもののひとつではないでしょうか。発売は1959年、半世紀以上もその人気を保っています。このベビースターラーメン、三重県津市に本拠を置く会社によって開発され、販売されてきました。もちろん地元でも高い人気を誇っています。もともとインスタントラーメンの製造過程で出る〝麺のかけら〟を再加工して生まれたもの。少量でもけっこうお腹にたまります。おやつにベビースターをねだって、「夕ごはんが食べられなくなるからいけません」なんて言われた経験のある人も多いのでは？　現在ではシンガポールやタイ、メキシコ、台湾などでも販売され、インターナショナルな人気を得ているようです。

たくあん漬けとマヨネーズのミスマッチなおいしさ【滋賀県】
サラダパン

　滋賀県で人気の惣菜パンが、「サラダパン」です。サラダといっても細かくきざんだたくあん漬けを、マヨネーズで和えたものが具となっています。ほのかに甘いコッペパンとの相性がよく、1956年の発売以来の人気商品です。「学校や部活の帰りによく買って食べました」と語る県民は実に多かったです。サラダパンは1本145円（2015年現在）、値段の安い惣菜パンは学生の味方ですね。現在は1日に約3000本が生産され、人気のおやつとして親しまれています。各県それぞれにオリジナルの惣菜パンがあるものです。惣菜とはおかずのことで、コロッケやカツ、ソーセージなどをはさんだものが一般的によく売られています。

旧暦*で六月を意味する名前のお菓子【京都府】
水無月

　6月になると京都の和菓子店にならぶのがこの水無月です。ういろう生地に小豆がのせられ、三角の形が特徴です。6月30日には「半年分のけがれを落とす」という意味をこめ、夏越の祓という神事が行われます。古来より小豆は、邪気をはらう力があると信じられてきました。三角形は、昔の宮中で暑気払いに用いられた氷をかたどっています。この時期に、水無月を食べる習慣があるのです。京都人の食生活というのは、昔ながらの行事食からいまだに強く影響を受けています。「一月なら花びら餅、五月は柏餅、祭りには鯖ずし。決まりのものがやっぱり食べたくなります」という声は多くの府民から聞かれました。

＊旧暦　明治5年（1872年）まで使用されていた太陰太陽暦のこと。

浪花っ子が愛する〝粉もん〟*の代表格【大阪府】
たこ焼き

　広い世代から愛される大阪の代表的なおやつです。大正末期～昭和初期にかけてその原型が発生し、昭和10年ころにたこ入りが登場したと考えられています。となりの兵庫県に名産のたこを使った「明石焼き」という料理があり、その影響でたこ入りが生まれたようです。各家庭でもよくつくられているもので、小麦粉をダシで溶き、具材を入れて専用の機器で焼くのですが、このダシや具材、かけるソースなども家庭によってかなり好みが分かれます。府内には専門店もたくさんあり、店ごとに工夫をこらしたバリエーションがあります。

＊粉もん　たこ焼き、お好み焼き、うどん、そば、パンなど、小麦粉だけでなくそば粉や米粉など、粉をベースにできる食べものを指す。関西の言葉で、1980年代ごろから使われはじめた。

西洋おやつ文化が深く根づいた地【兵庫県】
洋菓子やパン

　洋菓子メーカーのモロゾフ、ユーハイム、製パン業のドンク。いずれも日本全国に店舗のあるメーカーですが、三社とも兵庫県神戸市を基盤に成長した会社です。神戸は明治初期から外国人居留地が設けられ、それにともない洋菓子やパンづくりの文化が育まれてきました。ドンクは1905年、ユーハイムは1909年、モロゾフは1931年に創業。明治時代から神戸の人々は洋菓子に親しみ、現在では県の重要な産業のひとつとなっています。県民の洋菓子好きもいちじるしく、洋生菓子とパンの年間支出金額は神戸市が全国1位*です。老舗と新しい洋菓子店が混在し、パン屋さんも数多い神戸市は、日本ではユニークな「洋菓子のまち」といっていいでしょう。

＊総務省統計局　平成24〜26年調査

なめらかな食感で日本人を魅了する【奈良県】
葛きり

　葛という植物の根からとれるでんぷん＊は葛粉とよばれ、日本料理や伝統菓子には欠かせない食材のひとつです。奈良県・吉野地方は葛の名産地。葛粉100パーセントの「吉野本葛」は高級品として知られ、400年前から葛粉づくりを行う老舗もあります。葛きりとは、葛粉を水で溶かして加熱し、ふたたび冷やしてかためて、細く切ったもの。きなこや黒みつをかけて食べるのが一般的です。県民からは「自宅でもよくつくりますよ」という声が聞かれました。実際につくってみると、わりと簡単にできるものです。葛のなめらかさは独特でかくべつのもの、一度ぜひつくってみてください。

＊でんぷん　植物の光合成によって作られる炭水化物の一種。熱を加えるとねばりけが出る。

飽きのこないおだやかな甘さが身上【和歌山県】
柚もなか

　県人がよく食べるおやつとして教えてくれた、「柚もなか」。県南部の南紀白浜地域でつくられており、明治の終わりごろに誕生したと伝わります。おろしたユズ皮が白あんにねりこまれてあり、食べるとユズがほんのりと香ります。ユズをはじめ和歌山県は柑橘類の大生産地。代表的なものにミカンがあり、「有田みかん」は地域を代表するブランドです。夏の日照時間が長く、年間を通して比較的温暖であることがみかん栽培に好適なのです。ハッサクは生産量日本一[*]、イヨカン、ネーブル、オレンジなどの生産地でもあります。県南部の北山村というところではジャバラという柑橘類があり、あざやかな酸味で近年注目を集めています。

[*]農林水産省　平成24年産特産果樹生産動態等調査

あっさりとしたうま味にファン多し【鳥取県】
豆腐ちくわ

　その名のごとく、豆腐と魚のすり身でつくられたちくわです。ちくわは魚のすり身でつくられるのが一般的ですが、豆腐ちくわは原料に木綿豆腐を7割近く使用するのが特徴です。江戸時代の前期ごろ、当時の藩主・池田光仲が奨励した質素倹約に従って生まれたものと伝わります。大豆と魚のうま味がいかされていて、実にさっぱりとした味わい。鳥取市が主な生産地で、「おやつ代わりによく食べました」という声が聞かれました。おやつとしては「そのまま食べる」派が多いようですが、しょうが醤油やわさび醤油でいただいてもおいしいものです。

今も愛される殿様ゆかりのお菓子【島根県】
若草

　七代目の松江藩主・松平治郷（不昧）。藩の財政を立て直した名君として、今も語りつがれています。不昧公はすぐれた茶人*1 でもありました。茶会で使用する菓子の開発にも熱心で、多くの菓子が彼の指示のもと誕生したと伝わります。これらの菓子は「不昧公ごのみ」とよばれ、若草もそのひとつです。奥出雲でとれる上質なもち米と水あめをねってつくるぎゅうひ*2 に、若草色の寒梅粉*3 をまぶしたもので、現在は島根県の名物菓子のひとつです。茶席や和菓子は島根、ことに松江の人々にとっては身近なもののようで、「気軽に参加できる茶会がわりとよくあるんですよ」なんて声も聞かれました。

*1 茶人　茶道にたずさわる人、茶道をたしなむ人のこと。
*2 ぎゅうひ　和菓子の材料の一つ。みつまめなどにも入っている餅状のもの。
*3 寒梅粉　もち米を水に漬けてから蒸し、餅にしてから焼いて粉状にしたもの。

おすそ分けが〝当たり前〟のおやつ　その2【岡山県】
モモ

　山梨県に続いてなんともうらやましい、おすそ分けが当たり前シリーズです。岡山人からは、「モモはシーズンになるとよくいただきます」という声が多く聞かれました。こちらも「親戚や知り合いをたどると農家の人がだれかしらいる」とのこと。果物や野菜などは、少しでもいたんでしまったり、大きさが規格に合わないと出荷できないケースが多々あります。そういうものを知り合いにまわすということは、日本の各地でみられます。温暖な気候の岡山県はモモの栽培に適した地で、約30種類がつくられています。モモの栽培は明治時代から続く歴史のあるもので、モモの花は県花にもなっています。ちなみに昔話の『桃太郎』は岡山を舞台とする説もあります。

味わいもさまざまに進化し続ける銘菓【広島県】
もみじまんじゅう

　もみじの葉をかたどった広島県・厳島地方の名物菓子です。日本三景のひとつ、安芸の宮島のもみじにあやかって、明治時代後期につくられたのがはじまりのよう。小麦粉にたまご、砂糖、はちみつをまぜて焼くカステラ生地の中に、こしあんをつつんだものが一般的。しかし現在では、さつまいものあんやカスタードクリーム、チョコレートなど、その中身もバラエティに富んでいます。さまざまな会社から発売されており、県内のいたるところで売られています。現在ではカステラ生地のかわりに餅であんをつつんだ「生もみじ」という商品も人気です。1980年代から全国的な知名度が高まり、他県へのおみやげ品としても定番です。

名古屋だけの名物にあらず【山口県】
ういろう

　ういろうというと、愛知県名古屋市のお菓子と思っている人が多いのではないでしょうか？ 神奈川県の小田原市、徳島県徳島市、三重県伊勢市、そして山口市周辺でもういろうは昔から人気のお菓子なのです。ういろうとは一般的に、米粉に砂糖を加えてねり、蒸しあげたもの。しかし山口のういろうは、ワラビ粉や葛粉を原料とし、そこに小豆あんなどをまぜて蒸すのが特徴です。このため口当たりがやわらかく、食感も軽やか。ういろうの起源説はいろいろとあるのですが、山口へは室町時代に伝わり、改良が重ねられてきたと考えられています。

魚のうま味がぎっしり詰まったおやつ　その1【徳島県】
フィッシュカツ

　「子どものころの定番おやつでした！」と元気に語ってくれた徳島人の多かったこと。魚のすり身にカレー粉を加え、ころもをつけて揚げたもので、「学生時代、弁当のおかずによく入っていました」「カツといえばトンカツではなくこれを指します」という声はたくさん聞かれました。県東部の小松島市で昭和30年代に生まれ、タチウオやアジ、エソなどの魚が原料になります。県内ではスーパーやコンビニでも売られています。瀬戸内地方から九州沿岸部にかけての地域では、魚のすり身揚げは非常に身近な料理です。フィッシュカツ同様、魚のすり身をカツにしたものは広島、大分、佐賀などでも見られます。

一見ふつうの煮豆に見えてもさにあらず【香川県】
しょうゆ豆

　煎ったそら豆を醤油に漬けこんだ香川の郷土料理です。しっかりと煎ってあるので、食べるとくだけるような独特の食感があり、これが楽しい。醤油に砂糖やみりん、七味をまぜるなどして、家ごとに工夫があります。おかずとして食べられてきた香川の常備菜ですが、「おやつ代わりによくつまんでいました」という声も聞かれました。その昔、煎っていた豆がはじけて、近くにあった醤油壺に飛びこんでしまい、後から取り出して食べてみたらこれがおいしかった……というのが誕生秘話として伝わります。また弘法大師が作り方を教えたという伝説も。郷土食にはこういった歴史上の聖人と結びつけた逸話*が少なからずあります。

*逸話　世の中にあまり知られてない、おもしろい話

これぞまさに〝所変われば品変わる〟【愛媛県】
タルト

　タルトと聞けば多くの人がクリームや果物（くだもの）がのった洋菓子（ようがし）を思いうかべるでしょうが、愛媛（えひめ）ではタルトといえばこれのこと。最初に「タルトをどうぞ」といわれて出されたときは、とてもおどろきました。簡単（かんたん）にいうとカステラ生地（きじ）であんを巻いたもので、県内では多くのメーカーによってつくられています。その歴史は古く、江戸時代の松山初代藩主（はんしゅ）・松平定行（まつだいらさだゆき）が、長崎（ながさき）でポルトガル人から献上（けんじょう）されたタルトを食し、この製法（せいほう）を持ち帰ったといわれています。ポルトガル語の「TORTA」（トルタ）（ケーキの意）を語源（ごげん）とする説があります。ユズの風味（ふうみ）のあんや、栗（くり）入りのあんなど、各社によって中身も千差万別（せんさばんべつ）、各家庭によってごひいきがあるようです。

〝みみ〟の部分においしさいっぱい【高知県】
ぼうしパン

　滋賀県のページでは「おやつとしての惣菜パン」にふれましたが、同じように甘いパンもその県にしかないオリジナル商品が多いものです。高知県ではこの帽子型のパンが広く愛されています。丸いパンにカステラの生地で〝みみ〟の部分を加えて焼きあげたもので、昭和30年代に高知市のパン屋さんで誕生しました。「みみの部分食べたさに買ってしまいます」「県外に引っ越して、これを買えなくなったので時おりすごくさびしく思います」といった声が印象的でした。県内のパン店ではいたるところで店独自のぼうしパンが存在し、レーズンやチョコチップ入りのものなど、いろいろな種類があります。

ポルトガルから伝わった麺のようなお菓子【福岡県】
鶏卵そうめん

　なんとも不思議なこの形、まるで黄色いパスタのようですね。溶いた卵黄を、沸かせた糖蜜の中に入れてから引き上げることで、この形になります。その麺のような様からそうめんに見立て、この名がつきました。安土桃山時代にポルトガルから伝わった南蛮菓子のひとつです。南蛮菓子とは、安土桃山時代から江戸時代初期にかけて、ポルトガルやスペインなど、日本と交易のあった国からもたらされた菓子のこと。福岡では現在、結婚式などお祝い事のくばりものでも利用されています。ちなみにタイにもフォイトーンというこれとそっくりなお菓子があり、これまたポルトガルが起源のようです。

かつては海外の船乗りの栄養源【佐賀県】
丸ぼうろ

　佐賀県を代表する郷土菓子、丸ぼうろ。小麦粉、砂糖、たまごを主原料とした焼き菓子で、やさしい甘さが特徴です。室町時代後期から、ヨーロッパの文化が日本に渡来するようになり、九州地方は地理的にその入り口となりました。丸ぼうろはポルトガル船の保存食だったと考えられています。ぼうろとはポルトガル語のBOLO（ケーキ類の総称）と考えられ「丸いBOLO」を語源とする説もありますが、マルコ・ポーロ*から取ったという説も。安土桃山時代を経て江戸時代に入ると、海外から日本に砂糖が持ちこまれるようになります。このあたりから、今まで日本になかった新しい味わいの菓子が各地で生まれてくるのです。

*マルコ・ポーロ（1254〜1324）　イタリアの商人、アジア諸国を旅した旅行記の『東方見聞録』で知られる。

県内では約400年続く老舗も営業中【長崎県】
カステラ

　長崎を代表するお菓子、カステラ。今や日本中のコンビニでも売られていますが、歴史の大変古いものです。カステラは南蛮菓子のひとつで、少なくとも1600年代初頭にはすでに日本にあったようです。現在のスペインにあったカスティーリャという王国の名を語源とする説が有力です。小麦粉、たまご、砂糖が主原料ですが、水あめや蜂蜜を加えるなど独自の工夫が重ねられ、現在のような日本のカステラができました。たまごや砂糖は貴重品だった時代が長く、また太平洋戦争の前後はどちらも手に入りにくいものでした。年配の長崎人で「いただきもので食べられるときは本当にうれしかった」と語る人は少なくありません。

さつまいもと小麦粉の簡単おやつ【熊本県】
いきなり団子

　なんともおもしろいネーミングですね。「いきなり」とは熊本の方言で「すぐに」「簡単に」「手早く」といった意味なのだそう。小麦粉に水と塩を加えてねり、さつまいもとあんをつつんで、蒸しあげれば完成です。もともとはあんは入れず、具はさつまいもだけでした。「粉といもがあればできる簡単な団子」ということでしょうか。さつまいもの収穫時期になると県北部の農家がよくつくっていたものだそうです。現在では県内全域で食べられていますが、「今はつくる人も少なくなり、専門店などで買うものになっています」という声も聞かれました。これは日本各地で同様で、手づくりされてきたおやつの多くが、現在では買うものになってきています。

若君のおねだりが名前の由来に?【大分県】
やせうま

　小麦粉をねってつくった幅広の麺に、砂糖をまぜたきなこをまぶしたものです。印象的な名前には、こんな逸話がのこっています。時は平安時代、幼き若君は、八瀬という乳母がつくったお菓子をことのほか気に入りました。おやつのころあいになると、「やせ、うま、うま」と熱心にねだり、いつしかそれがおやつの名前になっていった……というもの。「うま」の意味ははっきりしませんが、「うま(い)・あま(い)もの」の意味でしょうか。県内の宇佐市や大分市で、田植えの時期やお盆の時期になるとつくられてきました。実際に現在でも「食べますよ」という県人も多く、給食に出されることもあります。

魚のうま味がぎっしり詰まったおやつ　その2【宮崎県】
飫肥天（おびてん）

　宮崎県の南に位置する日南市周辺の郷土料理です。魚のすり身に、豆腐ときざんだ野菜類をまぜこみ、味噌や黒砂糖で味つけをして揚げたもの。このような魚のすり身揚げのことを、九州では「天ぷら」とよびます。このあたりは16世紀末から江戸時代にかけて飫肥藩とよばれた城下町でした。飫肥の天ぷら、略して飫肥天というわけです。九州から瀬戸内地方は魚のすり身を揚げたり、蒸したりした料理がたくさんあります。それらはどこの地域でも、子どもにとってのおやつ代わりの存在であったようです。日本各地の魚がよく獲れた地域では、すり身にして加熱し、保存性を高めるということがなされてきました。

ふわりとした独特の食感は山芋がカギ【鹿児島県】
かるかん

　鹿児島県の特産物のひとつ、山芋を使ったお菓子です。山芋をすりおろし、卵白と上新粉（うるち米を粉にしたもの）、砂糖をまぜ、蒸してつくられます。1700年ころの島津藩の記録にもこのお菓子の名は記されてあり、長い歴史のあるものです。古くは祝い事につくられるお菓子だったようです。砂糖はかつて非常に高価なもので、ハレの日*にはぜいたくに甘いお菓子や貴重なお餅などがふるまわれました。軽い食感と、ようかんのような形からこの名がついたといわれます。現在ではかるかんの生地であんをつつんだ、かるかんまんじゅうも人気があり、本家をしのぐほどの人気です。

＊ハレの日　お祝い事などのある特別な日。

揚げたてのおいしさはかくべつ！【沖縄県】
サーターアンダギー

　外側はカリッと揚げられて、中身はふんわり。サーターは沖縄の言葉で「砂糖」、アンダが「油」、アギーが「揚げる」を意味します。「昔は結婚式に欠かせないものでしたよ」と語る県人は多く、一般的なサーターアンダギーが直径6〜7センチなのに対し、結婚式のときは10センチ以上の大きさのものがつくられていたという人も。小麦粉に砂糖、たまごを加えてよくまぜあわせ、じっくりと揚げれば完成です。砂糖は上白糖のほか、沖縄名産の黒砂糖が使われることも多く、ゴマやナッツ類を加えることもあります。

あとがき

「おやつ」と聞いて、あなたの心に真っ先にうかぶものはなんですか？

この質問をいろいろなひとに取材で投げかけるうち、私は「おやつ」という言葉の広さ、大きさに、ただただおどろくばかりでした。甘いものはもとより、「お母さんがよくつくってくれた焼きそば」だったり、「部活帰りに買った肉屋の焼き鳥」だったりと、菓子以外のおやつの存在にまず気づかされました。そして東北育ちの私にとって、関西のかたが教えてくれる「粉もんおやつ」の豊富さも興味のつきないものでした。

その土地ならだれもが知っている銘菓でも、となりの県ではまったく知られていなかったりするのも、考えてみればおもしろいことです。他の地域では高くてなかなか食卓に上がらないような果物類が、その名産県では「もらうもの」だったりする面白さも知りました。

前著『にっぽんのおにぎり』に続く第2弾として、おやつをテーマにできたことは無上の喜びです。「おにぎり」と聞いたとき、日本人なら好みの具材や握り方がそれぞれ心に思いうかぶように、「おやつ」という言葉もまた、イメージが様々にふくらむ素敵な食の言葉だと思います。

さて、あなたの好きなおやつはなんですか？

白央篤司

白央篤司 はくおうあつし

フードライター。東京に生まれ東北で育つ。早稲田大学卒業後、出版社勤務を経てフリーに。「栄養と料理」（女子栄養大学出版部）などで食に関する記事を執筆している。日本の郷土料理、行事食がライフワークテーマ。著作に『にっぽんのおにぎり』『にっぽんのおかず』（理論社）『自炊力 料理以前の食生活改善スキル』（光文社新書）。

参考資料
『日本の食生活』農文協
『FOOD'S FOOD 食材図典Ⅲ 地産食材篇』小学館
『和菓子 WAGASHI』藪光生 角川ソフィア文庫
『日本各地食べもの地図』帝国書院
『九州宝御膳物語 おいしい郷土料理大事典』西日本新聞社
『郷土菓子 ふるさとの味を旅する』平凡社
『事典 和菓子の世界』中山圭子 岩波書店
『「粉もん」庶民の食文化』熊谷真菜 朝日新書
『国語大辞典 言泉』小学館

撮影協力／落雁 諸江屋（石川県）、つるやパン（滋賀県）
表紙撮影協力／ラトリエ ドゥ シュクル オーナーパティシエ 白岩操雄

にっぽんのおやつ

2019年10月 第3刷発行

著者／白央篤司

発行者／内田克幸　編集／吉田明彦、芳本律子
発行所／株式会社理論社
〒101-0062　東京都千代田区神田駿河台 2-5
電話　営業 03-6264-8890　編集 03-6264-8891
URL https://www.rironsha.com

撮影／片桐圭　スタイリスト／上田友子
装丁・本文デザイン／中嶋香織
印刷・製本／図書印刷

NDC596　21×25cm　48P　2015年12月初版
ISBN978-4-652-20138-1
©2015 Atsushi Hakuou　Printed in Japan
落丁・乱丁本はお取り替えいたします。本書の無断複製（コピー、スキャン、デジタル化等）は著作権の例外を除き禁じられています。私的利用を目的とする場合でも、代行業者等の第三者に依頼してスキャンやデジタル化することは認められておりません。

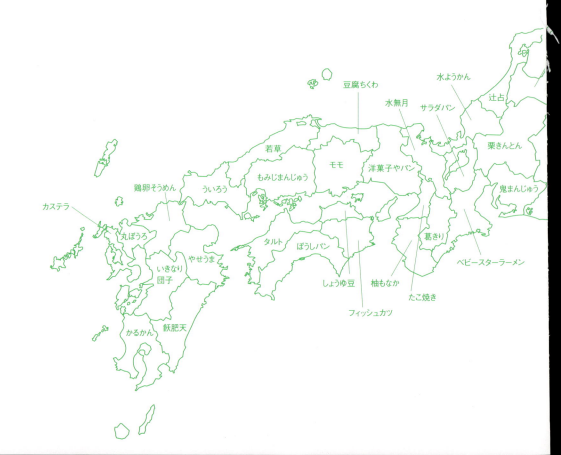